insel taschenbuch 5019
Kafka für Boshafte

Er gilt als der große Schmerzensmann der modernen Literatur, als düsterer existenzieller Autor. Dies ist aber nur die eine Seite von Franz Kafka, weniger bekannt ist, daß er legendäre Lachanfälle hatte, Slapstick liebte und viele humoristische Elemente in seine Texte eingebaut hat. Sein Freund Max Brod berichtete, wie Kafka beim Vorlesen des ersten Kapitels von *Der Prozeß* so schallend gelacht habe, »daß er weilchenweise nicht weiterlesen konnte«, »ja er lachte gern und herzhaft und wußte auch seine Freunde zum Lachen zu bringen«.

Höchste Zeit also, Kafkas komische Seite zu würdigen. Und wer wäre dafür geeigneter als Nicolas Mahler? In seiner von ihm mit zahlreichen Illustrationen versehenen Auswahl aus den Werken, Tagebüchern und Briefen Kafkas erweist sich dieser wirkungsmächtige Schriftsteller als wunderbar witziger Beobachter und hemmungsloser Spötter, der sich auch nicht vor ungebetenen Ratschlägen scheut: »Mein letzter Rat in dieser Sache bleibt immer: weg von Wien.«

Nicolas Mahler, geboren 1969, lebt und arbeitet als Comic-Zeichner und Illustrator in Wien. Seine Comics und Cartoons erscheinen in Zeitungen und Magazinen wie *Die Zeit*, *NZZ am Sonntag*, *Frankfurter Allgemeine Sonntagszeitung* und in der *Titanic*. Für sein umfangreiches Werk wurde er u. a. 2010 mit dem Max und Moritz-Preis als »Bester deutschsprachiger Comic-Künstler«, 2015 mit dem Preis der Literaturhäuser und 2019 mit dem Sondermann-Preis ausgezeichnet. Zuletzt erschienen: *Komplett Kafka. Eine Comic-Biografie* (st 5374), Arno Schmidt, *Schwarze Spiegel*. Gezeichnet von Mahler (BS 1528), *Thomas Bernhard. Die unkorrekte Biografie* (st 5125), James Joyce, *Ulysses*. Gezeichnet von Mahler (st 5006).

KAFKA

für Boshafte

Ausgewählt und
gezeichnet von
mahler

INSEL VERLAG

4. Auflage 2024

Erste Auflage 2023
insel taschenbuch 5019
Originalausgabe
© Insel Verlag Anton Kippenberg GmbH & Co. KG, Berlin, 2023
Umschlag und Umschlagzeichnung: Nicolas Mahler
Druck: CPI books GmbH, Leck
Printed in Germany
ISBN 978-3-458-68319-3

www.insel-verlag.de

KAFKA FÜR BOSHAFTE

ARG

Noch nicht geboren und schon gezwungen zu sein, auf den Gassen herumzugehn und mit Menschen zu sprechen.

Tagebücher, 15. März 1922

SCHULE

In unserer Klasse, der fünften Gymnasialklasse des
Amaliengymnasiums, war ein Junge namens
Friedrich Guß, den wir alle sehr hassten. Wenn
wir früh in die Klasse kamen und ihn auf seinem
Platz beim Ofen sitzen sahen, konnten wir kaum
verstehen, wie er sich hatte aufraffen können,
wieder in die Schule zu kommen. Aber ich erzähle
nicht richtig. Wir hassten nicht nur ihn, wir hassten
alle.

Tagebücher, 21. Juli 1913

***

Wenn es eine Möbelpackerschule gäbe, wo man aus
jedem Menschen einen Möbelpacker machen kann,
würde ich leidenschaftlich eintreten, vorläufig habe
ich die Schule noch nicht gefunden

Brief an Ottla, 16. Oktober 1923

***

Du bist die Aufgabe. Kein Schüler weit und breit.

Züricher Zettelkonvolut

ERZIEHUNG

Oft überlege ich es und lasse den Gedanken ihren Lauf, ohne mich einzumischen, und immer, wie ich es auch wende, komme ich zum Schluß, daß mir in manchem meine Erziehung schrecklich geschadet hat. In dieser Erkenntnis steckt ein Vorwurf, der gegen eine Menge Leute geht. Da sind die Eltern mit den Verwandten, eine ganz bestimmte Köchin, die Lehrer, einige Schriftsteller... einige der Familie befreundete Familien, ein Schwimmeister, Eingeborene der Sommerfrischen, einige Damen im Stadtpark, denen man es gar nicht ansehn würde, ein Friseur, eine Bettlerin, ein Steuermann, der Hausarzt und noch viele andere, und es wären noch mehr, wenn ich sie alle mit Namen bezeichnen wollte und könnte, kurz, es sind so viele, daß man achtgeben muß, damit man nicht im Haufen einen zweimal nennt.

Tagebücher, 19. Juni 1910

VIELE LEHRER

Aber ich verbrauchte viele Lehrer, ja sogar einige Lehrer gleichzeitig. Als ich meiner Fähigkeiten schon sicherer geworden war, die Öffentlichkeit meinen Fortschritten folgte, meine Zukunft zu leuchten begann, nahm ich selbst Lehrer auf, ließ sie in fünf aufeinanderfolgenden Zimmern niedersetzen und lernte bei allen zugleich, indem ich ununterbrochen aus einem Zimmer ins andere sprang.

Ein Bericht für eine Akademie

DIE ANDEREN

Sich kennt er, den andern glaubt er, dieser Widerspruch zersägt ihm alles.

Die Aphorismen

***

Es geht mir, wenn ich allein bei mir bin, erträglich. Im Beisammensein mit den andern bin ich sehr traurig.

Brief an Ottla, 13. November 1919

***

Das viele Leben schmerzt ihn, denn er ist ja ein Verkehrshindernis, aber die Leere ist nicht weniger arg, denn sie macht seinen eigentlichen Schmerz los.

Tagebücher, 15. Dezember 1910

***

Wechselndes Gefühl inmitten der jungen Leute im Café Arco.

Tagebücher, 25. Februar 1912

***

Was waren denn das für Menschen? Wovon sprachen sie? Welcher Behörde gehörten sie an?

Der Prozeß

SELBSTBEOBACHTUNG

Unentrinnbare Verpflichtung zur Selbstbeobachtung: Werde ich von jemandem andern beobachtet, muß ich mich natürlich auch beobachten, werde ich von niemandem sonst beobachtet, muß ich mich umso genauer beobachten. Jeder, der sich mit mir verfeindet oder dem ich gleichgültig oder lästig werde, ist zu beneiden um die Leichtigkeit, mit der er mich loswerden kann.

Tagebücher, 7. November 1921

***

Erkenne Dich selbst bedeutet nicht: Beobachte Dich. Beobachte Dich ist das Wort der Schlange. Es bedeutet: Mache Dich zum Herrn Deiner Handlungen. Nun bist Du es aber schon, bist Herr Deiner Handlungen. Das Wort bedeutet also: Verkenne Dich! Zerstöre Dich! also etwas Böses und nur wenn man sich sehr tief hinabbeugt, hört man auch sein Gutes, welches lautet: »um Dich zu dem zu machen, der Du bist.«

Oktavheft G, 23./24. Oktober 1917

***

Verkehr mit Menschen verführt zur Selbstbeobachtung.

Zürauer Zettelkonvolut

BESUCH

Wenn nur die Besuche aufhören wollten, alle
Menschen sind so ewig lebendig, wirklich unsterblich,
nicht in der Richtung der wirklichen Unsterblichkeit
vielleicht, aber in die Tiefe ihres augenblicklichen
Lebens hinab. Ich habe solche Angst vor ihnen.
Jeden Wunsch möchte ich ihm von den Augen ablesen
vor Angst und aus Dankbarkeit ihm die Füße küssen
wenn er ohne Aufforderung zu einem Gegenbesuch
fortgehn wollte. Allein lebe ich noch, kommt aber ein
Besuch, tötet er mich förmlich, um mich dann durch
seine Kraft wieder lebendig machen zu können, aber
so viel Kraft hat er nicht. Brief an Milena, September 1920

DAS UNGLÜCK DES JUNGGESELLEN

Es scheint so arg, Junggeselle zu bleiben, als alter Mann unter schwerer Wahrung der Würde um Aufnahme zu bitten, wenn man einen Abend mit Menschen verbringen will, krank zu sein und aus dem Winkel seines Bettes wochenlang das leere Zimmer anzusehn, immer vor dem Haustor Abschied zu nehmen, niemals neben seiner Frau sich die Treppe hinaufzudrängen, in seinem Zimmer nur Seitentüren zu haben, die in fremde Wohnungen führen, sein Nachtmahl in einer Hand nach Hause zu tragen, fremde Kinder anstaunen zu müssen und nicht immerfort wiederholen zu dürfen: »Ich habe keine«, sich im Aussehn und Benehmen nach ein oder zwei Junggesellen der Jugenderinnerungen auszubilden. So wird es sein, nur daß man auch in Wirklichkeit heute und später selbst dastehen wird, mit einem Körper und einem wirklichen Kopf, also auch einer Stirn, um mit der Hand an sie zu schlagen.   Betrachtung

WIE ES UM IHN STEHT

Das Unglück des Junggesellen ist für die Umwelt, ob scheinbar oder wirklich, so leicht zu erraten, daß er jedenfalls, wenn er aus Freude am Geheimnis Junggeselle geworden ist, seinen Entschluß verfluchen wird. Er geht zwar umher mit zugeknüpftem Rock, die Hände in den hohen Rocktaschen, die Ellbogen spitz, den Hut tief im Gesicht, ein falsches, schon eingeborenes Lächeln soll den Mund schützen, wie der Zwicker die Augen, die Hosen sind schmäler, als es an magern Beinen schön ist. Aber jeder weiß, wie es um ihn steht, kann ihm aufzählen, was er leidet. Kühle weht ihn aus seinem Innern an, in das er mit der noch traurigen andern Hälfte seines Doppelgesichts hineinschaut. Er übersiedelt förmlich unaufhörlich, aber mit erwartender Gesetzmäßigkeit. Je weiter er von den Lebenden wegrückt, für die er doch, und das ist der ärgste Spott, arbeiten muß wie ein bewußter Sklave, der sein Bewußtsein nicht äußern darf, ein desto kleinerer Raum wird für ihn als genügend befunden. Während die andern, und seien sie ihr Leben lang auf dem Krankenbett gelegen, dennoch vom Tode niedergeschlagen werden müssen, denn wenn sie auch aus eigener Schwäche längst selbst gefallen wären, so halten sie sich doch an ihre liebenden starken gesunden Bluts- und Eheverwandten, er, dieser Junggeselle bescheidet sich aus scheinbar eigenem Willen schon mitten im Leben auf einen immer kleineren Raum, und stirbt er, ist ihm der Sarg gerade recht.

Tagebücher, 3. Dezember 1911

ZERKRATZT UND WANKEND

Alles, was ich schreibe, sieht so hart aus, ich kann es nicht so weggehn lassen, denn ich meine es nicht hart, aber ich bin so bis auf den Grund zerkratzt und wankend, dass ich nicht genau verantwortlich gemacht werden darf.

Brief an Felice, vermutlich März 1916

EIN KAMPF

Er hat zwei Gegner: Der Erste bedrängt ihn von rückwärts, vom Ursprung her. Der Zweite verwehrt ihm den Weg nach vorne. Er kämpft mit beiden. Eigentlich unterstützt ihn der Erste im Kampf mit dem Zweiten, denn er will ihn nach vorne drängen und ebenso unterstützt ihn der Zweite im Kampf mit dem Ersten: denn er treibt ihn doch zurück. So ist es aber nur theoretisch. Denn es sind ja nicht nur die zwei Gegner da, sondern auch noch er selbst, und wer kennt eigentlich seine Absichten?   Tagebücher, 17. Januar 1920

***

Andere Menschen entschließen sich nur selten und genießen dann den Entschluß in den langen Zwischenräumen, ich aber entschließe mich unaufhörlich, so oft wie ein Boxer, nur boxe ich dann nicht.

Brief an Hedwig Weiler, 19. September 1907

***

Die abbröckelnden Kräfte während der Schlittenfahrt. Man kann ein Leben nicht so einrichten wie ein Turner den Handstand.   Tagebücher, 27. Januar 1922

GEFÄNGNIS

Ein erstes Zeichen beginnender Erkenntnis ist der Wunsch zu sterben. Dieses Leben scheint unerträglich, ein anderes unerreichbar. Man schämt sich nicht mehr, sterben zu wollen; man bittet, aus der alten Zelle, die man haßt, in eine neue gebracht zu werden, die man hassen lernen wird.

Zürauer Zettelkonvolut

***

Mit einem Gefängnis hätte er sich abgefunden. Als Gefangener enden – das wäre eines Lebens Ziel. Aber es war ein Gitterkäfig. Gleichgültig, herrisch, wie bei sich zuhause strömte durch das Gitter aus und ein der Lärm der Welt, der Gefangene war eigentlich frei, er konnte an allem teilnehmen, nichts entgieng ihm draußen, selbst verlassen hätte er den Käfig können, die Gitterstangen standen ja meterweit auseinander, nicht einmal gefangen war er.

Tagebücher, 13. Januar 1920

HORCHE NUR

Es ist nicht notwendig, daß du aus dem Hause gehst. Bleib bei deinem Tisch und horche. Horche nicht einmal, warte nur. Warte nicht einmal, sei völlig still und allein. Anbieten wird sich dir die Welt zur Entlarvung, sie kann nicht anders, verzückt wird sie sich vor dir winden. ZZK

***

Jeder Mensch trägt ein Zimmer in sich. Diese Tatsache kann man sogar durch das Gehör nachprüfen. Wenn einer schnell geht und man hinhorcht, etwa in der Nacht, wenn alles ringsherum still ist, so hört man zum Beispiel das Scheppern eines nicht genug befestigten Wandspiegels.

Weitere Aphorismen

WOHNUNG

Er hat eine eigentümliche Wohnungstür, fällt sie ins Schloß, kann man sie nicht mehr öffnen, sondern muss sie ausheben lassen. Infolgedessen schließt er sie niemals, schiebt vielmehr in die immer halboffene Tür einen Holzbock, damit sie sich nicht schließe. Dadurch ist ihm natürlich alle Wohnungsbehaglichkeit genommen. Seine Nachbarn sind zwar vertrauenswürdig, trotzdem muss er die Wertsachen in einer Handtasche den ganzen Tag mit sich herumtragen und wenn er auf dem Kanapee in seinem Zimmer liegt, ist es eigentlich, als liege er auf dem Korridor, im Sommer weht ihm die dumpfe, im Winter die eiskalte Luft von dort herein.

Er

***

Eine Wohnung ohne Aussicht, in der eine Frau mit einer Tochter wohnt, von welcher letztern mir nur eine giftige gelbe Bluse, Wangenbehaarung und Watschelgang erinnerlich sind. Die Wohnung darf man verloren geben.

Brief an Felice, 5. April 1915

***

Die Freude am Badezimmer. – Allmähliches Erkennen. Die Nachmittage, die ich mit den Haaren verbrachte.

Tagebücher, 29. März 1912

NICHTS IST MIR GESCHENKT

Nichts ist mir geschenkt, alles muß erworben werden, nicht nur die Gegenwart und Zukunft, auch noch die Vergangenheit, etwas das doch jeder Mensch vielleicht mitbekommen hat, auch das muß erworben werden, das ist vielleicht die schwerste Arbeit, dreht sich die Erde nach rechts – ich weiß nicht, ob sie das tut – müßte ich mich nach links drehn, um die Vergangenheit nachzuholen. Nun habe ich aber zu allen diesen Verpflichtungen nicht die geringste Kraft, ich kann nicht die Welt auf meinen Schultern tragen, ich ertrage dort kaum meinen Winterrock. Es ist etwa so, wie wenn jemand vor jedem einzelnen Spaziergang nicht nur sich waschen, kämmen u.s.w. müßte – schon das ist ja mühselig genug – sondern auch noch, da ihm vor jedem Spaziergang alles Notwendige immer wieder fehlt, auch noch das Kleid nähn, die Stiefel zusammenschustern, den Hut fabricieren, den Stock zurechtschneiden u.s.w. Natürlich kann er das alles nicht gut machen, es halt vielleicht paar Gassen lang, aber auf dem Graben z. B. fällt plötzlich alles auseinander und er steht nackt da mit Fetzen und Bruchstücken. Diese Qual nun, auf den Altstädter Ring zurückzulaufen! Und am Ende stößt er noch in der Eisengasse auf einen Volkshaufen, welcher auf Juden Jagd macht. Brief an Milena, November 1920

KINDER

Ein unglücklicher Mensch, der kein Kind haben soll, ist in sein Unglück schrecklich eingeschlossen. Nirgends eine Hoffnung auf Erneuerung, auf eine Hilfe durch glücklichere Sterne. Er muß mit dem Unglück behaftet seinen Weg machen, wenn sein Kreis beendet ist, sich zufrieden geben und nicht weiterhin anknüpfen, um zu versuchen, ob dieses Unglück, das er erlitten hat, auf einem längern Wege, unter andern Körper- und Zeitumständen sich verlieren oder gar Gutes hervorbringen könnte. Tagebücher, 27. Dezember 1911

***

Bei uns pflegen die Eltern zu sagen, daß man in den Kindern merkt, wie alt man wird. Wenn man keine Kinder hat, muß man es an seinen Gespenstern merken und man merkt es umso gründlicher. Brief an Grete Bloch, 8. Juni 1914

NACHKOMMENSLUST

Ohne Vorfahren, ohne Ehe, ohne Nachkommen, mit
wilder Vorfahrens-, Ehe- und Nachkommenslust. Alle
reichen mir die Hand: Vorfahren, Ehe und
Nachkommen, aber zu fern für mich.

Tagebücher, 21. Januar 1922

***

Für alle gibt es künstlichen, jämmerlichen Ersatz:
für Vorfahren, Ehe und Nachkommen. In Krämpfen
schafft man ihn und geht, wenn man nicht schon an
den Krämpfen zugrunde gegangen ist, an der
Trostlosigkeit des Ersatzes zugrunde.

Tagebücher, 21. Januar 1922

***

Der Wunsch nach besinnungsloser Einsamkeit.
Nur mir gegenübergestellt sein. *Tagebücher, 1. Juli 1913*

***

Was ich geleistet habe, ist nur ein Erfolg des Alleinseins.

Tagebücher, 21. Juli 1913

UND DIESE MORGEN

Und diese Morgen, man schaut aus dem Fenster, zieht den Sessel vom Bett und setzt sich zum Kaffee. Und diese Abende, man stützt den Arm auf und hält mit der Hand das Ohr. Ja, wenn das nur nicht alles wäre! Wenn man doch wenigstens ein paar neue Gewohnheiten annähme, wie sie hier in den Gassen jeden Tag zu sehen sind. Tagebücher, 19. Juli 1910

***

Die Gegenwart ist gespenstisch, ich sitze nicht am Tisch, sondern umflattere ihn. Nichts, nichts. Öde, Langweile, nein, nicht Langweile, nur Öde, Sinnlosigkeit, Schwäche. Gestern in Dobřichowitz. Tagebücher, 3. Mai 1915

UNFÄHIG UND ÖDE

Ich verkrieche mich vor Menschen nicht deshalb, weil ich
ruhig leben, sondern weil ich ruhig zugrunde gehen will.

Tagebücher, 28. Juli 1914

***

Ich bin unfähig und öde wie immer und sollte eigentlich
keine Zeit haben, um über etwas anderes nachzudenken
als über die Frage, wie es kommt, daß jemand auch nur Lust
hat, mit dem kleinen Finger nach mir zu tasten.

Tagebücher, 24. Januar 1915

***

F. war hier, fährt, um mich zu sehn, dreißig Stunden, ich
hätte es verhindern müssen. Tagebücher, 21. September 1917

***

Mich ergreift das Lesen des Tagebuchs ... So verloren zu sein
und nicht die Kraft haben, es zu beklagen.

Tagebücher, 19. November 1913

DIE TANTE

Natürlich erinnere ich mich an die Tante, wenn
auch dort, wo andere das Personengedächtnis haben,
bei mir ein Loch ist. Von ihrem Gesicht weiß ich fast
nichts, wohl aber weiß ich, daß sie sehr munter, Anteil
nehmend, mitteilsam gewesen ist und daß ich ihr
ein langes, lebendiges Leben vorausgesagt hätte.
Woran ist sie denn gestorben?   Brief an Felice, 28. April 1916

SCHLAF

Sie haben sehr Recht, auch Schlaflosigkeit ist etwas Menschenunwürdiges. Wenn ich jemandem den gegenwärtigen Zustand meines Kopfes, wie ihn die heutige Nacht hinterlassen hat, zeigen könnte, würde er die Hände zusammenschlagen. Aber ich weiß ja die Hauptgründe meiner Schlaflosigkeit, zum großen Teil eine 30jährige, ziemlich unrichtige Lebensweise. Es ließe sich noch sehr vieles und Wirkungsvolles dagegen heute tun, z. B. regelmäßig und bald schlafen zu gehn, aber ich tue es nicht. Das ist meine Schuld und die muß ich tragen.

Brief an Grete Bloch, 24. Mai 1915

ICH HABE IN MIR GEWÜSTET

Eröffnung des Tagebuches zu dem besonderen Zweck, mir
Schlaf zu ermöglichen. Sehe aber gerade die zufällige letzte Eintragung und könnte tausend Eintragungen gleichen
Inhalts aus den letzten drei bis vier Jahren mir vorstellen.
Ich verbrauche mich sinnlos, wäre glückselig, schreiben
zu dürfen, schreibe nicht. Werde die Kopfschmerzen nicht
mehr los. Ich habe wirklich mit mir gewüstet.

Tagebücher, 25. Dezember 1915

***

Meine Liebste – zuerst und obenauf: Kopfschmerzen seit
2 Tagen, weiß nicht, warum und wofür. Sind es Nachläufer?
Oder ewige Begleiter? Brief an Felice, 18. Juli 1916

***

Jetzt abends vor Langeweile dreimal im Badezimmer hin-
tereinander mir die Hände gewaschen.

Tagebücher, 23. Mai 1912

DIE VERWANDLUNGEN

Gestern habe ich von Dir geträumt. Was im einzelnen geschehen ist, weiß ich kaum mehr, nur das weiß ich noch, daß wir immerfort ineinander übergingen, ich war Du, Du warst ich. Schließlich fingst Du irgendwie Feuer, ich erinnerte mich, daß man mit Tüchern das Feuer erstickt, nahm einen alten Rock und schlug Dich damit. Aber wieder fingen die Verwandlungen an und es ging so weit, daß Du gar nicht mehr da warst, sondern ich war es, der brannte und ich war es auch, der mit dem Rock schlug. Aber das Schlagen half nichts und es bestätigte sich nur meine alte Befürchtung, daß solche Dinge gegen das Feuer nichts ausrichten können. Inzwischen aber war die Feuerwehr gekommen und Du wurdest doch noch irgendwie gerettet. Aber anders warst Du als früher, geisterhaft, mit [ein Wort unleserlich gemacht] Kreide ins Dunkel gezeichnet und fielst mir, leblos oder vielleicht nur ohnmächtig aus Freude über die Rettung in die Arme. Aber auch hier wirkte die Unsicherheit der Verwandelbarkeit mit, vielleicht war ich es, der in irgendjemandes Arme fiel. Brief an Milena, September 1920

***

Szafranski, Schüler Bernhards, macht während des Zeichnens und Beobachtens Grimassen, die mit dem Gezeichneten in Verbindung stehn. Erinnert mich daran, daß ich für meinen Teil eine starke Verwandlungsfähigkeit habe, die niemand bemerkt. Tagebücher, 30. September 1911

VERIRRUNGEN MIT MÄDCHEN

Was für Verirrungen mit Mädchen trotz aller Kopfschmerzen, Schlaflosigkeit, Grauhaarigkeit, Verzweiflung. Ich zähle: es sind seit dem Sommer mindestens sechs. Ich kann nicht widerstehn; es reißt mir förmlich die Zunge aus dem Mund, wenn ich nicht nachgebe, eine Bewunderungswürdige zu bewundern und bis zur Erschöpfung der Bewunderung zu lieben. Gegenüber allen sechs habe ich fast nur innerliche Schuld, eine aber ließ mir durch jemanden Vorwürfe machen.

Tagebücher, 2. Juni 1916

***

Grundriß der Gespräche mit Felice
Ich: So weit habe ich es also gebracht.
F.: So weit habe *ich* es gebracht.
Ich: So weit habe ich dich gebracht.
F.: Das ist wahr.

Tagebücher, 28. September 1917

DIE SIRENEN

Um sich vor den Sirenen zu bewahren, stopfte sich Odysseus Wachs in die Ohren und ließ sich am Mast festschmieden. Ähnliches hätten natürlich seit jeher alle Reisenden tun können, außer denen, welche die Sirenen schon aus der Ferne verlockten, aber es war in der ganzen Welt bekannt, daß dies unmöglich helfen konnte. Der Sang der Sirenen durchdrang alles, und die Leidenschaft der Verführten hätte mehr als Ketten und Mast gesprengt. Daran aber dachte Odysseus nicht, obwohl er davon vielleicht gehört hatte. Er vertraute vollständig der Handvoll Wachs und dem Gebinde Ketten und in unschuldiger Freude über seine Mittelchen fuhr er den Sirenen entgegen.

Nun haben aber die Sirenen eine noch schrecklichere Waffe als den Gesang, nämlich ihr Schweigen.

Oktavheft G, 23./24. Oktober 1917

***

Hier wäre Frauenerfahrung nötig. Oktavheft C, 1 20

LIEBESABENTEUER

Letzthin hatte ich ein Liebesabenteuer. Ich sass in der
Sonne im Botanischen Garten, als eine Mädchenschule
vorüberkam. Unter den Mädchen war eine hübsche lange
blonde, jungenhafte, die mich kokett anlächelte, das Mäul-
chen aufstülpte und mir irgendetwas zurief. Ich lächelte
natürlich überfreundlich zurück, auch als sie sich später
mit ihren Freundinnen noch öfters nach mir umdrehte. Bis
mir allmählich aufging, was sie mir eigentlich gesagt hatte.
»Jud« hatte sie mir gesagt.   Brief an Elli, 4. Oktober 1923

DOPPELCONFÉRENCE

A. Guten Tag

B. Du warst schon einmal hier? Nicht.

A. Du erkennst mich? Staunenswert.

B. In Gedanken habe ich schon einigemal mit Dir gesprochen. Was wolltest Du denn damals, als wir uns das letzte Mal sahn.

A. Dich um Rat fragen

B. Richtig. Und habe ich Dir ihn geben können.

A. Nein. Wir konnten uns leider schon in der Fragestellung nicht einigen.

B. So ist es also gewesen.

A. Ja. Es war sehr unbefriedigend, aber doch nur für den Augenblick. Man kann eben nicht mit einem Mal der Sache beikommen. Könnte man es nicht wieder einmal wiederholen?

B. Natürlich. Frage nur!

A. Ich werde also fragen

B. Bitte

A. Meine Frau –

B. Deine Frau?

A. Ja, ja

B. Das verstehe ich nicht. Du besitzt eine Frau?

A.

Tagebücher, 5. August 1917

LEICHTE STÖRUNG

Um mit jungen Mädchen reden zu können, brauche
ich das Nahesein älterer Personen. Die von ihnen
ausgehende leichte Störung belebt mir das Gespräch,
die Forderungen an mich scheinen mir gleich
herabgestimmt; was ich nicht überprüft aus mir
heraussage, kann immer noch, wenn es für das Mädchen
nicht gilt, für die ältere Person angebracht sein, aus
der ich auch, wenn es notwendig wird, Hilfe in Menge
herausholen kann. Tagebücher, 8. Dezember 1911

IM VIERZIGSTEN JAHR

Sollte ich das vierzigste Lebensjahr erreichen, so werde ich wahrscheinlich ein altes Mädchen mit vorstehenden, etwas von der Oberlippe entblößten Oberzähnen heiraten. Die oberen Mittelzähne des Fräulein K., die in Paris und London war, sind gegeneinander verschoben, wie Beine, die man in den Knien flüchtig kreuzt. Vierzig Jahre alt werde ich aber kaum werden, dagegen spricht zum Beispiel die Spannung, die sich mir über die linke Schädelhälfte öfters legt, die sich wie ein innerer Aussatz anfühlt und die auf mich, wenn ich von den Unannehmlichkeiten absehe und nur betrachten will, den gleichen Eindruck macht wie der Anblick der Schädelquerschnitte in den Schullehrbüchern oder wie eine fast schmerzlose Sektion bei lebendem Leibe, wo das Messer, ein wenig kühlend, vorsichtig, oft stehenbleibend und zurückkehrend, manchmal ruhig liegend, blätterdünne Hüllen ganz nahe an arbeitenden Gehirnpartien noch weiter teilt. Tagebücher, 9. oktober 1911

EHE

Der Ehemann ist von einem Pfahl – man weiß nicht,
von wo der kam – von hinten getroffen, niedergeworfen
und durchbohrt worden. Auf dem Boden liegend, klagt er
mit erhobenem Kopf und ausgebreiteten Armen.
Später kann er sich auch schon für einen Augenblick
schwankend erheben. Er weiß nichts anderes zu erzählen,
als wie er getroffen wurde, und zeigt die beiläufige
Richtung, aus der seiner Meinung nach der Pfahl
gekommen ist. Diese immer gleichen Erzählungen
ermüden schon die Ehefrau, zumal der Mann immer
wieder eine andere Richtung zeigt.   Weitere Aphorismen

EIN HEIRATSANTRAG

Nun bedenke, Felice, welche Veränderung durch eine Ehe mit uns vorginge, was jeder verlieren und jeder gewinnen würde. Ich würde meine meistens schreckliche Einsamkeit verlieren und Dich gewinnen, die ich über allen Menschen liebe. Du aber würdest Dein bisheriges Leben verlieren, in dem Du fast gänzlich zufrieden warst. Du würdest Berlin verlieren, das Bureau, das Dich freut, die Freundinnen, die kleinen Vergnügungen, die Aussicht, einen gesunden, lustigen, guten Mann zu heiraten, schöne, gesunde Kinder zu bekommen, nach denen Du Dich, wenn Du es überlegst, geradezu sehnst. Anstelle dieses gar nicht abzuschätzenden Verlustes würdest Du einen kranken, schwachen, ungeselligen, schweigsamen, traurigen, steifen, fast hoffnungslosen Menschen gewinnen, dessen vielleicht einzige Tugend darin besteht, daß er Dich liebt. Und nun sprich Du, Felice.

Brief an Felice, 16. Juni 1913

VERSÄUMTE GELEGENHEIT

Zum Teil habe ich den Nachmittag verschlafen, während des Wachseins lag ich auf dem Kanapee, überdachte einige Liebeserlebnisse aus meiner Jugend, hielt mich ärgerlich bei einer versäumten Gelegenheit auf (damals lag ich etwas verkühlt im Bett und meine Gouvernante las mir die »Kreutzersonate« vor, wobei sie es verstand, meine Aufregung zu genießen), stellte mir das vegetarische Nachtmahl vor, war mit meiner Verdauung zufrieden und hatte Befürchtungen, darüber, ob mein Augenlicht für mein ganzes Leben genügen wird. Tagebücher, 27. Dezember 1910

***

Was hast du mit dem Geschenk des Geschlechtes getan? Es ist mißlungen, wird man schließlich sagen, das wird alles sein. Aber es hätte leicht gelingen können. Freilich, eine Kleinigkeit, und nicht einmal erkennbar, hat es entschieden. Was findest du daran? Bei den größten Schlachten der Weltgeschichte ist es so gewesen. Die Kleinigkeiten entscheiden über die Kleinigkeiten. Tagebücher, 18. Januar 1922

NACHMITTAG AUF DEM KANAPEE

Ich bin müde, ich muß mich durch Schlaf zu erholen suchen, sonst bin ich in jeder Hinsicht verloren. Was für Mühen sich zu erhalten! Kein Denkmal braucht solchen Aufwand von Kräften, um aufgerichtet zu werden.

Tagebücher, 9. März 1914

***

Sein Ermatten ist das des Gladiators nach dem Kampf, seine Arbeit war das Weißtünchen eines Winkels in einer Beamtenstube.

Zürauer Zettelkonvolut

***

Alles, selbst das Gewöhnlichste, etwa das Bedientwerden in einem Restaurant, muß er sich erst mit Hilfe der Polizei erzwingen. Das nimmt dem Leben alle Behaglichkeit.

Tagebücher, 14. Januar 1920

VOLLE FAHRT

Heute habe ich im Traum ein neues Verkehrsmittel für einen abschüssigen Park erfunden. Man nimmt einen Ast, der nicht sehr stark sein muß, stemmt ihn schief gegen den Boden, das eine Ende behält man in der Hand, setzt sich möglichst leicht darauf, wie im Damensattel, der ganze Zweig rast dann natürlich den Abhang hinab, da man auf dem Ast sitzt, wird man mitgenommen und schaukelt behaglich in voller Fahrt auf dem elastischen Holz. Es findet sich dann auch eine Möglichkeit, den Zweig zum Aufwärtsfahren zu verwenden. Der Hauptvorteil liegt, abgesehen von der Einfachheit der ganzen Vorrichtung, darin, daß der Zweig, dünn und beweglich wie er ist, er kann ja gesenkt und gehoben werden, nach Bedarf, überall durchkommt, wo selbst ein Mensch allein schwer durchkäme.

Tagebücher, 21. Juli 1913

KOMISCHE QUELLEN DES SELBSTGEFÜHLS

Ob ich hier in der Abflußrinne liege und das Regenwasser staue oder oben unter dem Luster mit den gleichen Lippen Champagner trinke, mir macht das keinen Unterschied.

Tagebücher, 19. Juli 1910

***

Nichts, nichts, nichts. Schwäche, Selbstvernichtung, durch den Boden gedrungene Spitze einer Höllenflamme.

Tagebücher, 21. Juli 1913

***

Mein Leben habe ich damit verbracht, mich gegen die Lust zu wehren, es zu beenden.   Die Aphorismen

***

Auch verstehe ich Spaß, aber alles kann mir auch Drohung sein.   Brief an Milena, 21. Juni 1920

DIE DICKEN

Wie ist es, Milena, mit Ihrer Menschenkenntnis? Manchmal schon zweifelte ich an ihr, z. B. wenn Sie von Werfel schrieben, es sprach ja daraus auch Liebe und vielleicht nur Liebe, aber doch mißverstehende und wenn man von allem absieht, was Werfel ist und nur bei dem Vorwurf der Dicke bleibt (der mir überdies unberechtigt scheint, Werfel wird mir schöner und liebenswerter von Jahr zu Jahr, ich sehe ihn allerdings nur flüchtig) wissen Sie denn nicht, daß nur die Dicken vertrauenswürdig sind? Nur in diesen starkwandigen Gefäßen wird alles zuendegekocht, nur diese Kapitalisten des Luftraums sind, soweit es bei Menschen möglich ist, geschützt vor Sorgen und Wahnsinn und können sich ruhig mit ihrer Aufgabe beschäftigen und sie allein sind, wie einmal einer sagte, als eigentliche Erdenbürger auf der ganzen Erde verwendbar, denn im Norden wärmen sie und im Süden geben sie Schatten.   Brief an Milena, 30. Mai 1920

***

Ich habe die dumme Idee, mich dick machen zu wollen und von da aus mich allgemein zu kurieren, als ob das zweite oder auch nur das erste möglich wäre.

Brief an Max Brod, 17. Juli 1912

DOPPELCONFÉRENCE

E. Anna!

A. *aufschauend*: Ja.

E. Komm her.

A. *große ruhige Schritte*: Was willst Du?

E. Ich wollte Dir sagen, daß ich seit einiger Zeit mit Dir unzufrieden bin.

A. Aber!

E. Es ist so.

A. Dann mußt du mir eben kündigen, Emil.

E. So rasch? Und Du fragst gar nicht nach der Ursache?

A. Ich kenne sie.

E. So?

A. Das Essen schmeckt dir nicht.

Tagebücher, 20. November 1911

GESPENST BEI TISCH

Unmöglich, vorläufig das Tagebuch zu führen.
Hätte ich doch, statt für die Mitnahme nach Wien
zu danken, den Direktor auf den Knien gebeten, mich
nicht mitzunehmen. Schlaflosigkeit, Schlaflosigkeit!
Erste Reise mit diesen Zuständen. In der Nacht kalte
Umschläge auf dem Kopf und mich doch nutzlos
herumgewälzt und gewünscht, einige Stockwerke
tiefer in der Erde zu liegen. Ich sage ab, wo ich nur
kann und bin doch mit schrecklich vielen Leuten
beisammen und sitze dort als das Gespenst bei Tisch.

Brief an Felice, 9. September 1913

SCHWARTEN

Dieses Verlangen, das ich fast immer habe, wenn ich einmal meinen Magen gesund fühle, Vorstellungen von schrecklichen Wagnissen mit Speisen in mir zu häufen. Besonders vor Selchereien befriedige ich dieses Verlangen. Sehe ich eine Wurst, die ein Zettel als eine alte harte Hauswurst anzeigt, beiße ich in meiner Einbildung mit ganzem Gebiß hinein und schlucke rasch, regelmäßig und rücksichtslos, wie eine Maschine. Die Verzweiflung, welche diese Tat selbst in der Vorstellung zur sofortigen Folge hat, steigert meine Eile. Die langen Schwarten von Rippenfleisch stoße ich ungebissen in den Mund und ziehe sie dann von hinten, den Magen und die Därme durchreißend, wieder heraus. Schmutzige Greislerläden esse ich vollständig leer. Fülle mich mit Heringen, Gurken und allen schlechten alten scharfen Speisen an. Bonbons werden aus ihren Blechtöpfen wie Hagel in mich geschüttet. Ich genieße dadurch nicht nur meinen gesunden Zustand, sondern auch ein Leiden, das ohne Schmerzen ist und gleich vorbeigehn kann.

Tagebücher, 30. Oktober 1911

SARDELLEN

Traurig war ich abends, weil ich Sardellen gegessen hatte, es war gut zubereitet, Mayonnaise, Butterstückchen, Kartoffelbrei, aber es waren Sardellen ... Traurig wie eine Hyäne bin ich dann durch den Wald gezogen (ein wenig Husten war das menschliche Unterscheidungszeichen), traurig wie eine Hyäne habe ich die Nacht verbracht. Ich stellte mir die Hyäne vor, wie sie eine von einer Karawane verlorene Sardinenbüchse findet, den kleinen Blechsarg aufstampft und die Leichen herausfrißt. Wobei sie sich vielleicht vom Menschen noch dadurch unterscheidet, daß sie nicht will, aber muß (warum wäre sie sonst so traurig, warum hätte sie vor Trauer die Augen immer halb geschlossen?) wir dagegen nicht müssen, aber wollen. Der Doktor hat mich früh getröstet: warum traurig sein? *Ich* habe doch die Sardellen gegessen und nicht die Sardellen mich.

Brief an Ottla, Februar 1921

NUR IM TRAUM BIN ICH SO UNHEIMLICH

Letzthin habe ich wieder von Ihnen geträumt, es war ein großer Traum, ich erinnere mich aber fast an gar nichts. Ich war in Wien, davon weiß ich nichts, dann aber kam ich nach Prag und hatte Ihre Adresse vergessen, nicht nur die Gasse, auch die Stadt, alles, nur der Name Schreiber tauchte mir noch irgendwie auf, aber ich wußte nicht, was ich damit machen sollte. Sie waren mir also vollständig verloren. In meiner Verzweiflung machte ich verschiedene sehr listige Versuche, die aber, ich weiß nicht warum, nicht ausgeführt wurden und von denen mir nur einer erinnerlich ist. Ich schrieb auf ein Couvert: M. Jesenská und darunter »Ich bitte diesen Brief zuzustellen, da sonst die Finanzverwaltung einen ungeheuren Verlust erleidet.« Durch diese Drohung hoffte ich alle Hilfsmittel des Staates für Ihre Auffindung in Bewegung zu bringen. Schlau? Lassen Sie sich dadurch nicht gegen mich einnehmen. Nur im Traum bin ich so unheimlich.   Brief an Milena, 11. Juli 1920

KAFKAS WITZZEICHNUNG

Damit Du etwas von meinen »Beschäftigungen« siehst, lege ich eine Zeichnung bei. Es sind 4 Pfähle, durch die zwei mittleren werden Stangen geschoben an denen die Hände des »Delinquenten« befestigt werden; durch die zwei äußern schiebt man Stangen für die Füße. Ist der Mann so befestigt, werden die Stangen langsam weiter hinausgeschoben, bis der Mann in der Mitte zerreißt. An der Säule lehnt der Erfinder und tut mit übereinandergeschlagenen Armen und Beinen sehr groß, so als ob das Ganze eine Originalerfindung wäre, während er es doch nur dem Fleischhauer abgeschaut hat, der das ausgeweidete Schwein vor seinem Laden ausspannt. Brief an Milena, 20. September 1920

EIN BÜHNENSKETCH

Theaterdirektor, der alles von Grund auf selbst
schaffen muß, sogar die Schauspieler muß er erst
zeugen. Ein Besucher wird nicht vorgelassen, der
Direktor ist mit wichtigen Theaterarbeiten
beschäftigt. Was ist es? Er wechselt die Windeln
eines künftigen Schauspielers.   Tagebücher, 18. Februar 1922

***

In Kabarettstimmung bin ich allerdings nicht, war es aber
auch niemals. Wohin sollte ich mich, wenn die »Stimm-
kanonen« losgehn, mit meiner Kinderpistole von Lunge ver-
kriechen?   Brief an Max Brod, 13. Oktober 1917

KLEINIGKEITEN

Kunstloser Übergang von der gespannten Haut der Glatze meines Chefs zu den zarten Falten seiner Stirn. Eine offenbare, sehr leicht nachzuahmende Schwäche der Natur, Banknoten dürften nicht so gemacht sein.

Tagebücher, 13. Oktober 1911

***

Die auffallende Glätte der Wangen der Frau Tschissik neben ihrem muskulösen Mund. Ihr etwas unförmiges kleines Mädchen.

Tagebücher, 22. Oktober 1911

***

Im Waggon: Nasenspitze der alten Frau mit fast noch jugendlicher, gespannter Haut. Endet also die Jugend auf der Nasenspitze und fängt dort der Tod an?

Tagebücher, 16. Oktober 1911

***

Man sieht aber nur allerkleinste Kleinigkeiten, und das allerdings ist bezeichnend meiner Meinung nach. Es spricht für Wahrhaftigkeit auch gegenüber dem Blödesten. Mehr als Kleinigkeiten kann man mit bloßem Auge dort, wo Wahrheit ist, nicht sehn.

Brief an Max Brod, Juli 1916

ANSICHTSKARTE

In der Kirche S. Anastasia in Verona, wo ich müde in einer Kirchenbank sitze, gegenüber einem lebensgroßen Marmorzwerg, der mit glücklichem Gesichtsausdruck ein Weihwasserbecken trägt. – Von der Post bin ich ganz abgeschnitten, bekomme sie erst übermorgen in Riva, bin dadurch wie auf der andern Welt, sonst aber hier in allem Elend. An Felice, 20. September 1913

DAS WETTER

Und immerfort regnet es draußen und will gar nicht
aufhören. Mir macht das gar nichts, ich sitze im
Trockenen und schäme mich bloß mein reiches
Gabelfrühstück aufzuessen vor dem Anstreicher,
der jetzt gerade vor meinen Fenstern im Hängegerüst
steht und wütend über den Regen, der ein wenig
aufgehört hat und über die Menge Butter, die ich
auf das Brot streiche unnötigerweise die Fenster
bespritzt, wobei auch das nur Einbildung ist und er
sich wahrscheinlich 100mal weniger um mich
kümmert als ich um ihn. Nein, jetzt arbeitet er
wirklich im Gußregen und Gewitter.

Brief an Milena, 2. September 1920

DER HEIMLICHE RABE

Ich glaube nicht, daß es Leute gibt, deren innere
Lage ähnlich der meinen ist, immerhin kann ich
mir solche Menschen vorstellen, aber daß um ihren
Kopf so wie um meinen immerfort der heimliche Rabe
fliegt, das kann ich mir nicht einmal vorstellen.

Tagebücher, 17. Oktober 1921

***

Ich bin ungesellig bis zum Verrücktsein, nicht nur
für mich, sondern für alle, die ich liebe. Eine
Krankheit, vielleicht eine behebbare.

Brief an Grete Bloch, 1. Juli 1914

***

Die ungeheure Welt, die ich im Kopfe habe.
Aber wie mich befreien und sie befreien, ohne
zu zerreißen. Und tausendmal lieber zerreißen,
als sie in mir zurückhalten oder begraben.
Dazu bin ich ja hier, das ist mir ganz klar.

Tagebücher, 21. Juni 1913

WIEDER ZU SCHREIBEN VERSUCHT

Alles, was sich nicht auf Literatur bezieht, hasse ich, es langweilt mich, Gespräche zu führen (selbst wenn sie sich auf Literatur beziehen), es langweilt mich, Besuche zu machen, Leiden und Freuden meiner Verwandten langweilen mich in die Seele hinein. Gespräche nehmen allem, was ich denke, die Wichtigkeit, den Ernst, die Wahrheit.

Tagebücher, 21. Juli 1913

***

Wenn ich etwas sage, verliert es sofort und endgültig die Wichtigkeit, wenn ich es aufschreibe, verliert es sie auch immer, gewinnt aber manchmal eine neue.

Tagebücher, 3. Juli 1913

***

Wieder zu schreiben versucht, fast nutzlos. Letzte zwei Tage bald schlafen gegangen, um zehn Uhr, wie schon seit langer Zeit nicht. Freies Gefühl während des Tages, halbe Zufriedenheit, erhöhte Brauchbarkeit im Bureau, Möglichkeit, mit Menschen zu reden. – Jetzt starke Knieschmerzen.

Tagebücher, 29. Januar 1915

***

Gestern und heute vier Seiten geschrieben, schwer zu überbietende Geringfügigkeiten.   Tagebücher, 7. August 1914

KLEINE FABEL

»Ach«, sagte die Maus, »die Welt wird enger mit
jedem Tag. Zuerst war sie so breit, daß ich Angst
hatte, ich lief weiter und war glücklich, daß ich
endlich rechts und links in der Ferne Mauern sah,
aber diese langen Mauern eilen so schnell aufeinander
zu, daß ich schon im letzten Zimmer bin, und dort im
Winkel steht die Falle, in die ich laufe.« – »Du mußt
nur die Laufrichtung ändern«, sagte die Katze und
fraß sie. Andere Erzählungen und fiktionale Fragmente

VON DEN GLEICHNISSEN

Viele beklagen sich, daß die Worte der Weisen immer wieder nur Gleichnisse seien, aber unverwendbar im täglichen Leben, und nur dieses allein haben wir. Wenn der Weise sagt: »Gehe hinüber«, so meint er nicht, daß man auf die andere Seite hinübergehen solle, was man immerhin noch leisten könnte, wenn das Ergebnis des Weges wert wäre, sondern er meint irgendein sagenhaftes Drüben, etwas, das wir nicht kennen, das auch von ihm nicht näher zu bezeichnen ist und das uns also hier gar nichts helfen kann. Alle diese Gleichnisse wollen eigentlich nur sagen, daß das Unfaßbare unfaßbar ist, und das haben wir gewußt. Aber das, womit wir uns jeden Tag abmühen, sind andere Dinge.

Darauf sagte einer: »Warum wehrt ihr euch? Würdet ihr den Gleichnissen folgen, dann wäret ihr selbst Gleichnisse geworden und damit schon der täglichen Mühe frei.«

Ein anderer sagte: »Ich wette, daß auch das ein Gleichnis ist.«

Der erste sagte: »Du hast gewonnen.«

Der zweite sagte: »Aber leider nur im Gleichnis.«

Der erste sagte: »Nein, in Wirklichkeit; im Gleichnis hast du verloren.« Andere Erzählungen und fiktionale Fragmente

ANDERE DICHTER (ELSE LASKER-SCHÜLER)

Ich kann ihre Gedichte nicht leiden, ich fühle bei ihnen nichts als Langeweile über ihre Leere und Widerwillen wegen des künstlichen Aufwandes. Auch ihre Prosa ist mir lästig aus den gleichen Gründen, es arbeitet darin das wahllos zuckende Gehirn einer sich überspannenden Großstädterin. ... Ich weiß den eigentlichen Grund nicht, aber ich stelle mir sie immer nur als eine Säuferin vor, die sich in der Nacht durch die Kaffeehäuser schleppt.

Brief an Felice, 12./13. November 1913

***

Weg Du Lasker Schüler!

Brief an Felice, 12./13. November 1913

ANDERE DICHTER (ARTHUR SCHNITZLER)

Denn ich liebe den Schnitzler gar nicht und achte ihn kaum; gewiß kann er manches, aber seine großen Stücke und seine große Prosa sind für mich angefüllt mit einer geradezu schwankenden Masse widerlichster Schreiberei. Man kann ihn gar nicht tief genug hinunterstoßen.

Brief an Felice, 14./15. Februar 1913

***

Genug, genug, wie schaffe ich nur gleich wieder den Schnitzler fort, der sich zwischen uns legen will, wie letzthin die Lasker-Schüler. Brief an Felice, 14./15. Februar 1913

BÜCHER

Ich glaube, man sollte überhaupt nur solche Bücher lesen, die einen beißen und stechen. Wenn das Buch, das wir lesen, uns nicht mit einem Faustschlag auf den Schädel weckt, wozu lesen wir dann das Buch? Damit es uns glücklich macht, wie Du schreibst? Mein Gott, glücklich wären wir eben auch, wenn wir keine Bücher hätten, und solche Bücher, die uns glücklich machen, könnten wir zur Not selber schreiben. Wir brauchen aber die Bücher, die auf uns wirken wie ein Unglück, das uns sehr schmerzt, wie der Tod eines, den wir lieber hatten als uns, wie wenn wir in Wälder verstoßen würden, von allen Menschen weg, wie ein Selbstmord, ein Buch muß die Axt sein für das gefrorene Meer in uns. Das glaube ich. Brief an Oskar Pollak, 27. Januar 1904

***

Auch ich lese, vergleichsweise allerdings fast nichts, aber ich kann nur Bücher halten, die mir von Natur sehr nah sind, nah bis zur Berührung, alles andere marschiert an mir vorüber, suchen kann ich es schlecht.

Brief an Felix Weltsch, Anfang Dezember 1917

***

Ich schrieb da letzthin Beleidigendes über die Lasker-Schüler und Schnitzler. Wie sehr hatte ich recht!

Brief an Felice, 18./19. Februar 1913

***

Schriftsteller reden Gestank. Tagebücher, 1. Januar 1910

1912

25. Mai. Schwaches Tempo, wenig Blut.
1. Juni. Nichts geschrieben.
2. Juni. Fast nichts geschrieben.
7. Juni. Arg. Heute nichts geschrieben. Morgen keine Zeit.
9. Juli. So lange nichts geschrieben. Morgen anfangen.
10. August. Nichts geschrieben.
15. August. Nutzloser Tag. Verschlafen, verlegen.
16. August. Nichts, weder im Bureau noch zu Hause.
Abends das Wimmern meiner armen Mutter wegen
meines Nichtessens.   Tagebücher, 1912

Ach wenn das Frl. Lindner wüßte, wie schwer es ist, so wenig zu schreiben, als ich es tue!

Brief an Felice, 23. Dezember 1912

BRIEFE

Alles Unglück meines Lebens – womit ich nicht klagen, sondern eine allgemein belehrende Feststellung machen will – kommt, wenn man will, von Briefen oder von der Möglichkeit des Briefeschreibens her. Die leichte Möglichkeit des Briefeschreibens muß – bloß teoretisch angesehn – eine schreckliche Zerrüttung der Seelen in die Welt gebracht haben. Es ist ja ein Verkehr mit Gespenstern, und zwar nicht nur mit dem Gespenst des Adressaten, sondern auch mit dem eigenen Gespenst, das sich einem unter der Hand in dem Brief, den man schreibt, entwickelt oder gar in einer Folge von Briefen, wo ein Brief den andern erhärtet und sich auf ihn als Zeugen berufen kann. Wie kam man nur auf den Gedanken, daß Menschen durch Briefe miteinander verkehren können! Man kann an einen fernen Menschen denken und man kann einen nahen Menschen fassen, alles andere geht über Menschenkraft. Briefe schreiben aber heißt, sich vor den Gespenstern entblößen, worauf sie gierig warten. Geschriebene Küsse kommen nicht an ihren Ort, sondern werden von den Gespenstern auf dem Wege ausgetrunken. Durch diese reichliche Nahrung vermehren sie sich ja so unerhört. Die Menschheit fühlt das und kämpft dagegen, sie hat, um möglichst das Gespenstische zwischen den Menschen auszuschalten, und den natürlichen Verkehr, den Frieden der Seelen zu erreichen, die Eisenbahn, das Auto, den Aeroplan erfunden, aber es hilft nichts mehr, es sind offenbar Erfindungen, die schon im Absturz gemacht werden, die Gegenseite ist so viel ruhiger und stärker, sie hat nach der Post den Telegraphen erfunden, das Telephon, die Funkentelegraphie. Die Geister werden nicht verhungern, aber wir werden zugrundegehn.

Brief an Milena, März 1922

26. FEBRUAR 1912

Heute schreibe ich an Löwy. Ich schreibe die Briefe an ihn hier auf, weil ich mit ihnen etwas zu erreichen hoffe:
Lieber Freund   Tagebücher, 26. Februar 1912

27. FEBRUAR 1912

Ich habe keine Zeit, Briefe doppelt zu schreiben.

Tagebücher, 27. Februar 1912

KEINE ZEIT

Nichts bringe ich fertig, weil ich keine Zeit habe und es in mir so drängt. Wenn der ganze Tag frei wäre und diese Morgenunruhe in mir bis zum Mittag steigen und bis zum Abend sich ermüden könnte, dann könnte ich schlafen. So aber bleibt für diese Unruhe nur höchstens eine Abenddämmerungsstunde, sie verstärkt sich etwas, wird dann niedergedrückt und gräbt mir die Nacht unnütz und schädlich auf. Werde ich es lange aushalten? Und hat es einen Zweck, es auszuhalten, werde ich denn Zeit bekommen?

Tagebücher, 17. Oktober 1911

PLÄTSCHERN

Du siehst, ich bin ein lächerlicher Mensch; wenn Du mich ein wenig lieb hast, so ist es Erbarmen, mein Anteil ist die Furcht. Wie wenig nützt die Begegnung im Brief, es ist wie ein Plätschern am Ufer, zweier durch eine See Getrennter. Über die vielen Abhänge aller Buchstaben ist die Feder geglitten und es ist zu Ende, es ist kühl und ich muß in mein leeres Bett.

Brief an Hedwig Weiler, 29. August 1907

***

Ich meinte, einen Brief schreiben sei wie ein Plätschern im Uferwasser, aber ich meinte nicht, daß man das Plätschern hört.

Brief an Hedwig Weiler, September 1907

***

Den Brief mußt Du weder zeigen, noch herumliegen lassen. Am besten Du zerreißt ihn und streust ihn in kleinen Stücken von der Pawlatsche den Hühnern im Hof, vor denen ich keine Geheimnisse habe.

Brief an Ottla, 10. Juli 1914

BEGEISTERUNG

Der Mensch ist eine ungeheuere Sumpffläche.
Ergreift ihn Begeisterung, so ist es im Gesamtbild
so, wie wenn irgendwo in einem Winkel dieses
Sumpfes ein kleiner Frosch in das grüne Wasser
plumpst.   Weitere Aphorismen

AUF DER MOLDAU

Vor einigen Jahren war ich viel im Seelentränker auf der Moldau, ich ruderte hinauf und fuhr dann ganz ausgestreckt mit der Strömung hinunter, unter den Brücken durch. Wegen meiner Magerkeit mag das von den Brücken aus sehr komisch ausgesehen haben. Jener Beamte, der mich eben so einmal von der Brücke sah, faßte seinen Eindruck, nachdem er das Komische genügend hervorgehoben hatte, so zusammen: Es hätte so ausgesehen, wie vor dem Jüngsten Gericht. Es wäre wie jener Augenblick gewesen, da die Sargdeckel schon abgehoben waren, die Toten aber noch stillagen. Brief an Milena, 29. Mai 1920

ELEND

Elend, elend und doch gut gemeint. Es ist ja Mitternacht, aber das ist, da ich sehr gut ausgeschlafen bin, nur insofern Entschuldigung, als ich bei Tag überhaupt nichts geschrieben hätte. Die angezündete Glühlampe, die stille Wohnung, das Dunkel draußen, die letzten Augenblicke des Wachseins, sie geben mir das Recht, zu schreiben, und sei es auch das Elendste. Und dieses Recht benutze ich eilig. Das bin ich also.

Tagebücher, 25. Dezember 1910

***

Meine Kraft reicht zu keinem Satz mehr aus. Ja, wenn es sich um Worte handeln würde, wenn es genügte, ein Wort hinzusetzen, und man sich wegwenden könnte im ruhigen Bewußtsein, dieses Wort ganz mit sich erfüllt zu haben.

Tagebücher, 27. Dezember 1910

***

Ich ziehe, wenn ich nach langer Zeit zu schreiben anfange, die Worte wie aus der leeren Luft. Ist eines gewonnen, dann ist eben nur dieses eine da und alle Arbeit fängt von vorne an.

Tagebücher, 13. Dezember 1911

***

Heute viele alte widerliche Papiere verbrannt.

Tagebücher, 11. März 1912

ARME

Sobald ich irgendwie erkenne, daß ich Übelstände, zu deren
Beseitigung ich eigentlich bestimmt wäre (zum Beispiel das
äußerst zufriedene, von mir aus gesehen trostlose Leben
meiner verheirateten Schwester), auf sich beruhen lasse,
verliere ich auf einen Augenblick das Gefühl meiner Arm-
muskeln.   Tagebücher, 11. November 1911

ZÄHNE

Mir ist Krankheit der Zähne eines der widerlichsten Gebrechen, von denen ich nur bei den liebsten Menschen und selbst dort nur zur Not absehen kann.

Brief an Grete Bloch, 10. November 1913

***

Wie behandeln Sie eigentlich Ihre Zähne? Putzen Sie sie nach jedem Essen? Was sagen die verfluchten Zahnärzte?

Brief an Grete Bloch, 16. Mai 1914

***

Und wenn auch Vernachlässigung der Zähne nicht gerade durch schlechte Pflege erfolgt ist, so ist sie, nicht anders wie bei mir, durch Fleischessen erfolgt. Man sitzt bei Tisch, lacht und spricht (ich habe für mich wenigstens die Rechtfertigung, dass ich nicht lache und spreche), und inzwischen entstehen aus winzigen Fleischfasern zwischen den Zähnen Fäulnis- und Gährungskeime in nicht kleinern Mengen als aus einer toten Ratte, die zwischen zwei Steine geklemmt ist.

Brief an Grete Bloch, 18. Mai 1914

***

Die Eiterung unter der Brücke, das stückweise Abbrechen der Brücke, das alles hätte ich mit jeder Einzelheit erfahren wollen und habe auch noch in Berlin Felice gefragt. Die Lust, Schmerzliches möglichst zu verstärken, haben Sie nicht?

Brief an Grete Bloch, 18. November 1913

BEINE, RUMPF UND KOPF

Außen schaue ich wie jeder andere aus; habe Beine, Rumpf und Kopf, Hosen, Rock und Hut; man hat mich ordentlich turnen lassen, und wenn ich dennoch ziemlich klein und schwach geblieben bin, so war das eben nicht zu vermeiden. Im übrigen gefalle ich vielen, selbst jungen Mädchen, und denen ich nicht gefalle, die finden mich doch erträglich.

Tagebücher, 19. Juni 1910

***

Mein Körper ist zu lang für seine Schwäche, er hat nicht das geringste Fett zur Erzeugung einer segensreichen Wärme, zur Bewahrung inneren Feuers, kein Fett, von dem sich einmal der Geist über seine Tagesnotdurft hinaus ohne Schädigung des Ganzen nähren könnte. Wie soll das schwache Herz, das mich in der letzten Zeit öfters gestochen hat, das Blut über die ganze Länge dieser Beine hin stoßen können. Bis zum Knie wäre genug Arbeit, dann aber wird es nur noch mit Greisenkraft in die kalten Unterschenkel gespült. Nun ist es aber schon wieder oben nötig, man wartet darauf, während es sich unten verzettelt. Durch die Länge des Körpers ist alles auseinandergezogen. Was kann er da leisten, da er doch vielleicht, selbst wenn er zusammengedrängt wäre, zu wenig Kraft hätte für das, was ich erreichen will.

Tagebücher, 22. November 1911

KEINE FURUNKELN

Bei Felix war ich nicht. Seine erste Karlsbader Karte fängt an: »Es ist kalt, neblig, es regnet, mich friert, den Papa friert, meine Frau friert. Es ist teuer, das Brod ist schlecht, die Luft ist rau. Ich habe keine Furunkeln. Meine Frau hat Halsschmerzen u.s.f.« Du siehst, das Leben ist auch dort nicht leicht. Möge ihm der Curaufenthalt leicht werden!

Ansichtskarte an Felice, 21. Juli 1916

NERVOSITÄTEN

Was für Launen halten mich, Fräulein! Ein Regen von Nervositäten geht ununterbrochen auf mich herunter. Was ich jetzt will, will ich nächstens nicht. Wenn ich auf der Stiege oben bin, weiß ich noch immer nicht, in welchem Zustand ich sein werde, wenn ich in die Wohnung trete.

Brief an Felice, 28. September 1912

***

Ich bin unruhig und giftig. Gestern vor dem Einschlafen hatte ich links oben im Kopf ein flackerndes kühles Flämmchen. Über meinem linken Auge hat sich eine Spannung schon eingebürgert.

Tagebücher, 4. Oktober 1911

***

Die Lärmtrompeten des Nichts.

Tagebücher, 4. August 1917

DIAGNOSE: HERZNEUROSE

Ich war letzthin bei einem Nervenarzt; ein ziemlich nutzloser Besuch. Diagnose: Herzneurose. Therapie: Elektrisieren. Ging nachhause und schrieb ihm ab: Was hätte die Behandlung eines Folgezustandes für einen Sinn? – Viel Vergnügen Ostern. Meinen Reisen ist die Freude immer schon vorher abgerissen. Brief an Felice, 19. April 1916

***

Mein Haupteinwand gegen Sanatorien ist, dass sie zu viel Zeit und zu viel Gedanken unnütz verbrauchen. Ich will im kleinen Urlaub etwas zu arbeiten versuchen (so viel oder so wenig als dieser Kopf noch hervorbringt), aber ich will nicht mich praxieren, packen, elektrisieren, heilbaden, untersuchen, durch besonders gute Diagnosen mich besonders gut über meine Krankheiten informieren lassen, es ist fast ein neues Bureau im Dienst des Körpers.

Brief an Felice, 31. Mai 1916

ZWEITE MEINUNG

Der Arzt, bei dem ich war und der mich so genau als im All-
gemeinen Ärzte untersuchen können, untersucht hat, war
mir sehr angenehm. Er erklärte, nichts anderes vorzufin-
den als eine allerdings außerordentliche Nervosität. Seine
Ratschläge waren nun allerdings sehr komisch: Wenig rau-
chen, wenig trinken (gelegentlich aber doch), mehr Gemüse
als Fleisch, am Abend lieber kein Fleisch, ein wenig auf die
Schwimmschule gehen u.s.f. Das war etwa alles.

Brief an Felice, 11. September 1916

***

Gewiß, die Ärzte sind dumm oder vielmehr sind sie nicht
dümmer als andere Menschen, aber ihre Prätentionen sind
lächerlich, immerhin, damit muß man rechnen, daß sie von
dem Augenblick an, wo man sich mit ihnen einläßt, immer
dümmer werden ...

Brief an Milena, Mai 1920

SANATORIUM GRIMMENSTEIN

Grimmenstein ist eben doch sonst besser. Der Preisunterschied ist wohl an 50 K täglich, außerdem muß man in das andere Sanatorium alles für die Liegekur mitbringen (Fußpelz, Kopfpolster, Decken u.s.w., ich habe nichts davon) in Grimmenstein bekommt man es geborgt, im »Wiener Wald« muß man eine große Kaution erlegen, in Grimmenstein nicht, auch liegt Grimmenstein höher udgl. Übrigens fahre ich ja noch nicht. Eine Woche lang war mir zwar genug schlecht (ein wenig Fieber und solche Atemnot, daß ich mich fürchtete vom Tisch aufzustehn, auch viel Husten) aber das scheint nur die Folge eines großen Spaziergangs gewesen zu sein, auf dem ich ein wenig gesprochen hatte, jetzt ist es viel besser, so daß das Sanatorium wieder nebensächlicher geworden ist. Jetzt habe ich die Prospekte hier: Im Wiener Wald bekommt man ein Südzimmer mit Balkon erst von 380 K an, in Grimmenstein kostet das teuerste Zimmer K 360. Der Unterschied ist zu groß, so widerlich teuer beides ist. Nun, die Möglichkeit von Injektionen will bezahlt sein, die Injektionen selbst sind dann eigens zu zahlen. Aufs Land würde ich gerne fahren, noch lieber in Prag bleiben und ein Handwerk lernen, am wenigsten gern fahre ich in ein Sanatorium. Was soll ich dort? Vom Chefarzt zwischen die Knie genommen werden und an den Fleischklumpen würgen, die er mir mit den Karbolfingern in den Mund stopft und dann entlang der Gurgel hinunterdrückt.

Brief an Milena, September 1920

DAS SCHLIMMSTE

Früher, wenn ich einen Schmerz hatte und er
verging, war ich glücklich, jetzt bin ich nur
erleichtert, habe aber das bittere Gefühl:
»wieder nur gesund, nicht mehr«.   Tagebücher, 9. März 1922

***

Das Schlimmste, die untödlichen Schmerzen.

Die Aphorismen

WIEN

Hier werden, möchte man manchmal glauben, die Lustigen traurig und die Traurigen noch trauriger. Ich weiß keine Erklärung und es ist auch nicht nötig, denn es ist gar nicht wahr und zeigt nur, wie urteilslos die Traurigkeit ist. Nach Wien möchte ich für meinen Teil nicht, auch nicht im Mai. Es war für mich gar zu häßlich dort, ich wollte um keinen Preis wieder die Wege ins Parlament machen, die Kärntnerstraße, den Stephansplatz sehn, im Kafe Beethoven oder Museum oder gar im Ratskeller sitzen und nicht einmal wieder an einem etwas kühlen, aber sehr sonnigen Vormittag allein im Garten von Schönbrunn herumgehn. Das alles und noch viel mehr will ich nicht wieder erleben, das ist schon ein für allemal abgebüßt. Nur das Grillparzerzimmer im Rathaus möchte ich gern sehn, das habe ich anzusehn versäumt, ich habe zu spät davon erfahren. Kennen Sie den »armen Spielmann« von Grillparzer? Daß sich in Wien ordentlich leiden läßt, das hat Grillparzer bewiesen.

Brief an Grete Bloch, 14. Februar 1914

***

Nebenbei: Die Aussicht von Ihrem Schreibtisch geht auf das Postsparkassagebäude oder ist es die Aussicht aus dem Zimmer Ihrer Chefs? Wenn ich nicht irre, ist es von Otto Wagner gebaut und wurde früher sehr gelobt. Ich für meinen Teil aber kann mir sehr gut vorstellen, was für ein trostloses Gegenüber so ein aufdringlich absichtsvolles Gebäude sein muß. Es scheint kein anderes Ende für Absätze zu geben als: weg von Wien.

Brief an Grete Bloch, 9. März 1914

WEG VON WIEN

Ist das, was ich über Wien sage, nicht richtig,
bestätigt es nicht auch der Angestellte, mit dem Sie
jenen Auftritt hatten? Aber irgendwie scheint Sie
Wien doch festzuhalten, trotzdem Sie das Schöne
von Wien noch gar nicht kennen. Kennen Sie übrigens
den »Armen Spielmann« von Grillparzer? Habe ich
das nicht schon einmal gefragt? Ehe Sie den und
dann noch Grillparzers Selbstbiografie und dann
etwa noch seine Reisetagebücher aus Deutschland,
Frankreich und England kennen, hätte es vielleicht
nicht viel Sinn, das Grillparzerzimmer im städtischen
Museum anzusehen, dann aber wäre ich froh, wenn
Sie es tun und mir davon schreiben würden. Bevor
Sie das getan haben, verlassen Sie Wien nicht, dann
aber rasch.   Brief an Grete Bloch, 13. März 1914

***

Berlin ist eine so viel bessere Stadt als Wien,
dieses absterbende Riesendorf.

Brief an Grete Bloch, 8. April 1914

***

Mein letzter Rat in dieser Sache bleibt immer:
weg von Wien.   Brief an Grete Bloch, 9. März 1914

SCHAUERLICH

Ein segmentartiges Stück ist ihm aus dem Hinterkopf herausgeschnitten. Mit der Sonne schaut die ganze Welt hinein. Ihn macht es nervös, es lenkt ihn von der Arbeit ab, auch ärgert er sich, daß gerade er von dem Schauspiel ausgeschlossen sein soll. Er

***

Immerfort die Vorstellung eines breiten Selchermessers, das eiligst und mit mechanischer Regelmäßigkeit von der Seite her in mich hineinfährt und ganz dünne Querschnitte losschneidet, die bei der schnellen Arbeit fast eingerollt davonfliegen. Tagebücher, 4. Mai 1913

***

Nachmittag beim Einschlafen. Als hätte sich die feste Schädeldecke, die den schmerzlosen Schädel umfaßt, tiefer ins Innere gezogen und einen Teil des Gehirns draußen gelassen im freien Spiel der Lichter und Muskeln.

Tagebücher, 14. November 1911

***

Die feste Abgegrenztheit der menschlichen Körper ist schauerlich. Tagebücher, 30. Oktober 1921

WIDERLICH

Goethes schöne Silhouette in ganzer Gestalt.
Nebeneindruck des Widerlichen beim Anblick
dieses vollkommenen menschlichen Körpers, da
ein Übersteigen dieser Stufe außerhalb der
Vorstellbarkeit ist und diese Stufe doch nur
zusammengesetzt und zufällig aussieht.
Die aufrechte Haltung, die hängenden Arme,
der schmale Hals, die Kniebeugung.

Tagebücher, 5. Februar 1912

FURCHT

Furcht vor der Nacht. Furcht vor der Nicht-Nacht.

Die Aphorismen

***

Furcht vor dem zweistündigen Abendspaziergang, den ich jetzt für mich eingeführt habe. Tagebücher, 31. Januar 1912

***

Die Angriffe, die Angst. Ratten, die an mir reißen und die ich durch meinen Blick vermehre. Tagebücher, 16. März 1922

***

Nachmittag Traum vom Geschwür an der Wange. Die fortwährend zitternde Grenze zwischen dem gewöhnlichen Leben und dem scheinbar wirklicheren Schrecken.

Tagebücher, 22. März 1922

***

Aus Müdigkeit nicht geschrieben und abwechselnd auf dem Kanapee im warmen und im kalten Zimmer gelegen, mit kranken Beinen und ekelhaften Träumen. Ein Hund lag mir auf dem Leib, eine Pfote nahe beim Gesicht, ich erwachte davon, aber hatte noch ein Weilchen Furcht, die Augen aufzumachen und ihn anzusehn. Tagebücher, 13. Dezember 1911

FREUDE

Heute früh zum erstenmal seit langer Zeit wieder die Freude an der Vorstellung eines in meinem Herzen gedrehten Messers.

Tagebücher, 2. November 1911

RICHTER

Er hat viele Richter, sie sind wie ein Heer von Vögeln, das in einem Baum sitzt. Ihre Stimmen gehen durcheinander, die Rang- und Zuständigkeitsfragen sind nicht zu entwirren, auch werden die Plätze fortwährend gewechselt.

Tagebücher, 17. Januar 1920

***

Die ergiebigste Stelle zum Hineinstechen scheint zwischen Hals und Kinn zu sein. Man hebe das Kinn und steche das Messer in die gestrafften Muskeln. Die Stelle ist aber wahrscheinlich nur in der Vorstellung ergiebig. Man erwartet dort ein großartiges Ausströmen des Blutes zu sehn und ein Flechtwerk von Sehnen und Knöchelchen zu zerreißen, wie man es ähnlich in den gebratenen Schenkeln von Truthähnen findet.

Tagebücher, 16. September 1915

***

Sonderbarer Gerichtsgebrauch. Der zum Tode Verurteilte wird dort in seinem Zimmer vom Scharfrichter ohne Beisein anderer Personen erstochen.

Tagebücher, 19. Juli 1916

RELIGION

Leoparden brechen in den Tempel ein und saufen die Opfer-
krüge leer; das wiederholt sich immer wieder; schließlich
kann man es vorausberechnen, und es wird Teil der Zere-
monie.   Züraüer Zettelkonvolut

***

Was ist fröhlicher als der Glaube an einen Hausgott!

Züraüer Zettelkonvolut

***

Jedem Kranken sein Hausgott, dem Lungenkranken der
Gott des Erstickens.   Tagebücher, 1. Februar 1922

***

Ein Glaube wie ein Fallbeil, so schwer, so leicht.

Züraüer Zettelkonvolut

DIE JAGD

Erstens: Zusammenbruch, Unmöglichkeit, zu schlafen, Unmöglichkeit, zu wachen, Unmöglichkeit, das Leben, genauer die Aufeinanderfolge des Lebens, zu ertragen. Die Uhren stimmen nicht überein, die innere jagt in einer teuflischen oder dämonischen oder jedenfalls unmenschlichen Art, die äußere geht stockend ihren gewöhnlichen Gang. Was kann anderes geschehen, als daß sich die zwei verschiedenen Welten trennen, und sie trennen sich oder reißen zumindest auseinander in einer fürchterlichen Art. Die Wildheit des inneren Ganges mag verschiedene Gründe haben, der sichtbarste ist die Selbstbeobachtung, die keine Vorstellung zur Ruhe kommen läßt, jede emporjagt, um dann selbst wieder als Vorstellung von neuer Selbstbeobachtung weitergejagt zu werden. Zweitens: Dieses Jagen nimmt die Richtung aus der Menschheit. Die Einsamkeit, die mir zum größten Teil seit jeher aufgezwungen war, zum Teil von mir gesucht wurde – doch was war auch dies anderes als Zwang –, wird jetzt ganz unzweideutig und geht auf das Äußerste. Wohin führt sie? Sie kann, dies scheint am zwingendsten, zum Irrsinn führen, darüber kann nichts weiter ausgesagt werden, die Jagd geht durch mich und zerreißt mich.

Tagebücher, 16. Januar 1922

ALS BETEILIGTER ABER HOFFE ICH

Nach tagelangen ununterbrochenen Kopfschmerzen endlich ein wenig freier und zuversichtlicher. Wäre ich ein Fremder, der mich und den Verlauf meines Lebens beobachtet, müßte ich sagen, daß alles in Nutzlosigkeit enden muß, verbraucht in unaufhörlichem Zweifel, schöpferisch nur in Selbstquälerei. Als Beteiligter aber hoffe ich.

Tagebücher, 25. Februar 1915

***

Unfähig, mit Menschen zu leben, zu reden. Vollständiges Versinken in mich, Denken an mich. Stumpf, gedankenlos, ängstlich. Ich habe nichts mitzuteilen, niemals, niemandem.

Tagebücher, 27. April 1915

***

Der Rezitator Reichmann ist am Tag nach unserem Gespräch ins Irrenhaus gekommen.

Tagebücher, 11. März 1912

ZUKUNFT

Die Ungeduld und Trauer wegen meiner Mattigkeit nährt sich besonders durch die niemals aus den Augen gelassene Aussicht in die Zukunft, die mir dadurch vorbereitet wird. Was für Abende, Spaziergänge, Verzweiflung im Bett und auf dem Kanapee (7. Februar) stehn mir noch bevor, ärger als die schon überstandenen!   Tagebücher, 5. Februar 1912

***

Ich habe natürlich gar keine Pläne, gar keine Aussichten, in die Zukunft gehen kann ich nicht, in die Zukunft stürzen, in die Zukunft mich wälzen, in die Zukunft stolpern, das kann ich, und am besten kann ich liegen bleiben.

Brief an Felice, 28. Februar/1. März 1913

***

Als ich Sonntagnachmittag, drei Frauen knapp überholend, in Maxens Haus trat, dachte ich: Noch gibt es ein, zwei Häuser, in denen ich etwas zu tun habe, noch können Frauen, die hinter mir gehn, mich an einem Sonntagnachmittag zu einer Arbeit, einem Gespräch, zweckmäßig, eilig, nur ausnahmsweise es von dieser Seite schätzend, in ein Haustor einbiegen sehn. Lange muß das nicht mehr so sein.

Tagebücher, 31. Oktober 1911

HINAB

Nicht verzweifeln, auch darüber nicht, daß du nicht ver-
zweifelst. Wenn schon alles zu Ende scheint, kommen doch
noch neue Kräfte angerückt, das bedeutet eben, daß du
lebst. Kommen sie nicht, dann ist hier alles zu Ende, aber
endgültig. Tagebücher, 21. Juli 1913

***

Der tiefe Brunnen. Jahre braucht der Eimer, um heraufzu-
kommen und im Augenblick stürzt er hinab, schneller als
du dich hinabbeugen kannst; noch glaubst du, ihn in den
Händen zu halten, und schon hörst du den Aufschlag in der
Tiefe, hörst nicht einmal ihn. Andere Aphorismen

DOPPELCONFÉRENCE

A. Also kein Ausweg?

B. Ich habe keinen gefunden.

A. Und du kennst doch die Gegend am besten von uns allen.

B. Ja. Tagebücher, 6. August 1917

DREI STRICHE

Nur drei Zickzackstriche blieben von ihm zurück.
Wie war er vergraben gewesen in seine Arbeit.
Und wie war er in Wirklichkeit gar nicht vergraben
gewesen. Andere Aphorismen

»Ist etwas geschehen?«
»Nein, nein«, antwortete K.,
»es schreit nur ein Hund auf dem Hof.«   Der Prozeß

QUELLEN

Franz Kafka, *Sämtliche Werke*. Herausgegeben von Peter Höfle, Suhrkamp Verlag, 2008

Franz Kafka, *Tagebücher*. Band 1: *1909-1912*. Band 2: *1912-1914*. Band 3: *1914-1923*, S. Fischer Verlag, 2008

Franz Kafka, *Das Werk – Die Tagebücher – Die Briefe*. Herausgegeben von Max Brod, Verlag Lambert Schneider, 2012

Reiner Stach, *Kafka – Die Jahre der Erkenntnis*, S. Fischer Verlag, 2010 [Brief an Kafkas Schwester Elli Hermann, 4. Oktober 1923]

Das Kafka-Zitat auf der Buchrückseite stammt aus einem Gesprächsblatt von 1924.

Nicolas Mahler
Komplett Kafka
Eine Comic-Biografie
st 5374. Gebunden. 127 Seiten
(978-3-518-47374-0)

**»Du, ich war einmal ein großer Zeichner …
ich werde Dir nächstens paar alte
Zeichnungen schicken, damit Du etwas
zum Lachen hast.«** *Franz Kafka an Felice Bauer, 1913*

Auf unnachahmlich witzig-pointierte Weise setzt Nicolas Mahler in seiner gezeichneten Biografie den kompletten Kafka in Szene: Leben, Werk, Hintergründe – und seine größten Lacher.

suhrkamp taschenbuch

Weitere Informationen erhalten Sie unter www.suhrkamp.de
oder in Ihrer Buchhandlung.